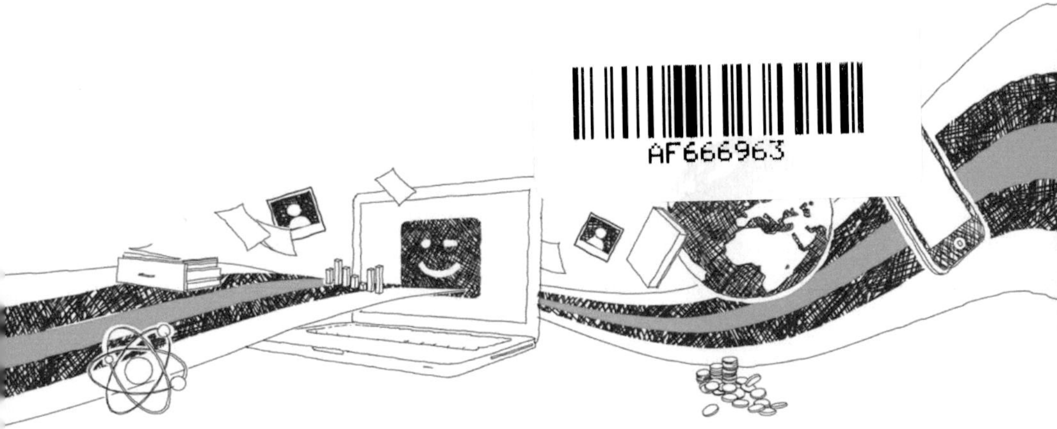

Bibliografische Information der Deutschen Nationalbibliothek:

Die Deutsche Bibliothek verzeichnet diese Publikation in der Deutschen Nationalbibliografie; detaillierte bibliografische Daten sind im Internet über http://dnb.d-nb.de/ abrufbar.

Impressum:

Druck und Bindung: Books on Demand GmbH, Norderstedt Germany
ISBN: 9783668683662

Dieses Buch bei GRIN:

https://www.grin.com/document/388736

Vivien Cahn

Die Mysterien der Perversion. Sadismus, Masochismus und Machtstrukturen in "Verführung – Die grausame Frau" (1985)

GRIN Verlag

Die Mysterien der Perversion - Sadismus, Masochismus und Machtstrukturen in „Verführung – Die grausame Frau“ (1985)

Inhaltsverzeichnis

1. Einleitung

"Ich glaube Perversionen sind nichts anderes als Missverständnisse."

Dies ist die Antwort die Wanda (Mechthild Großmann) dem biederen Journalisten Mährsch (Peter Weibel) auf seine abschätzige Nachfrage nach ihrem von der Norm abweichenden Sexualverhalten und der Inszenierung privater Perversionen in ihren Bühnenshows gibt. Kurz darauf offenbart er selbst seinen masochistischen Wunsch, eine menschliche Toilette zu sein und gibt sich den Verführungskünsten der „grausamen Frau" hin. Ziel dieser Arbeit ist es, diese Perversionen als zentralen Gegenstand des Filmes *Verführung – Die grausame Frau* auf ihren „abnormalen" Status am Rande gesellschaftlicher Akzeptanz hin zu untersuchen und gleichzeitig die ihnen zugrunde liegenden Machtstrukturen zu betrachten.

Der Film entstand als Zusammenarbeit von Queer-Cinema-Autorin Monika Treut und der österreichischen Regisseurin und Kamerafrau Elfi Mikesch, die nachfolgend noch zahlreiche weitere Projekte gemeinsam verwirklichten (u.a.: *Female Misbehaviour*, 1992; *Erotique*, 1994; *Gendernauts*, 1999; *Kriegerin des Lichts*, 2001; *Den Tigerfrauen wachsen Flügel*, 2005). In Hamburg gründeten sie 1984 die unabhängige Hyäne-Film-Produktion, unter der sie 1985 auch *Verführung – Die grausame Frau* veröffentlichten. Die damaligen Lebensgefährtinnen führten bei dem Film Co-Regie und schrieben auch das Drehbuch zusammen. Für Monika Treut war es der erste Spielfilm, wohingegen Elfi Mikesch bei zahlreichen vorherigen Projekten bereits im Bereich Kamera, Regie, Drehbuch und Schnitt tätig war.

In lose verbundenen Episoden erzählt der Film von Wanda, einer Domina die in ihrer Kunstgalerie am Hamburger Hafen sadomasochistische Rituale für ein zahlendes Publikum inszeniert. Im Gefüge öffentlicher Performances und privater Beziehungsgeflechte verführt die grausame Frau ihren sklavischen Bühnenpartner Gregor (Udo Kier) und ihre amerikanische Geliebte und naive Gelehrte Justine (Sheila McLaughlin). Auch ihre lesbische Lebensgefährtin, die exzentrische Geschäftsfrau Caren (Carola Regnier) und der Journalist Mährsch müssen sich Wandas Machenschaften unterwerfen. Dabei überlappen das Private und das Öffentliche in collagenhaften Szenen von komplexen Liebesbeziehungen, künstlerischen Bühnenshows und kommerziellem Geschäft (Monk, 1993). Der Film ist eine freie Adaption von Leopold von Sacher-Masochs Roman *Venus im Pelz* aus dem Jahre 1870 und entnimmt Namen sowie in vereinzelten Szenen auch narrative Elemente aus Marquis de Sades *Justine* (1787) und *Die 120 Tage von Sodom* (1785). Mehr als ein Jahrhundert später greifen Mikesch und Treut die Thematik der beiden Schriftsteller wieder auf und verorten sie in der feministischen Debatte der 1980er. Und selbst 100 Jahre nach den ersten wissenschaftlichen Auseinandersetzungen mit Perversionen löste der Film Kontroverse über Machtverhältnisse und Begehren aus. Dies liegt nicht zuletzt auch daran, dass der Film sadomasochistische Praktiken und verbotene Fantasien selbstbestimmter Frauen in den Vordergrund stellt und sich damit in der regen Diskussion um Repressionen männlich kodierter Pornografie und transgressiver Darstellungen weiblicher Lust platziert.

Ein historischer Blick auf die Geschichte der Perversionen und masochistischer Ästhetik soll als theoretische Grundlage dieser Arbeit dienen. Dabei wird anhand der Namensgeber de Sade und Sacher-Masoch sowie Ausführungen von Deleuze zunächst Klarheit über die Begriffe des Sadismus, Masochismus und Fetischismus geschaffen und deren Zusammenhänge und Unterschiede konkretisiert. Als nächstes soll der Film im gegenwärtigen feministischen Diskurs der Produktions- und Rezeptionszeit verortet werden. Das Augenmerk liegt hierbei auf den Grundzügen des Konflikts rund um Pornografie und Sadomasochismus in den verschiedenen Strömungen des Feminismus der 1980er Jahre. In der darauf aufbauenden Analyse der Darstellung von Macht, Sexualität und Begehren in *Verführung – Die grausame Frau* wird die Position des Filmes innerhalb dieser Debatte ausgearbeitet und in der Betrachtung einzelner Szenen und Figurenkonstellationen in den Kontext masochistischer Ästhetik gestellt. Eine genauere Betrachtung des sadomasochistischen Narrativs im Film ermöglicht über die Analyse von individuellen Beziehungsstrukturen hinaus auch eine kritische Auseinandersetzung mit Machtverhältnissen auf gesellschaftlicher Ebene. Diese Arbeit wird sich diesbezüglich vor allem mit der Frage beschäftigen, auf welche Weise der Film traditionelle Bilder von Geschlecht, Sexualpraktiken und Machtstrukturen untergräbt und inwiefern dieser Gegenentwurf ein subversives Potential beinhaltet. Den Abschluss der Arbeit bildet ein Fazit mit Ausblick auf weitere Fragen die heutzutage im Zusammenhang mit Sadomasochismus, Machtstrukturen und queer-feministischem Filmschaffen interessant erscheinen.

2. Theorie und Analyse

Der Film hatte von Anfang an mit Zensur und Ablehnung in konservativen Kreisen der CDU/CSU zu kämpfen. Die ursprüngliche Förderung von 250.000 DM wurde kurz nach Vorlage des Drehbuchs von Bundesinnenminister Friedrich Zimmermann zurückgezogen. Er bemängelte vor allem die zu Beginn dieser Arbeit geschilderte Szene und befand den Film als eine unverschämte Mischung aus Fäkaliensprache und Erotik. Das skandalbehaftete Projekt konnte schließlich dennoch mit Unterstützung der Filmbüros Hamburg und Nordrhein-Westfalen realisiert werden (Knight, 1995). Auch die Rezeption von *Verführung – Die grausame Frau* deutet auf das Unbehagen mit erotischen Fantasien von Frauen und tabuisiertem Sexualverhalten hin. Der Katholische Filmdienst bemängelte die unzureichende Erklärung der Perversion des Masochismus und schätzte den Film als überflüssig ein, da nicht um Verständnis bei ‚normalen' Kinogängern geworben würde. Selbst bei der offiziellen Premiere auf der Berlinale im Februar 1985 stieß der

Film auf starke Kritik und Bedenken. Monika Treut berichtete, dass die Filmemacherinnen bei der auf das Screening folgenden Diskussion regelrecht vom Publikum attackiert wurden (Saalfield, 1989). Zur Zeit der Erscheinung des Films herrschte vor allem in den USA (Ende der 80er jedoch auch vermehrt in Deutschland) eine polarisierende Debatte in der feministischen Bewegung, welche sich in eine Befürwortung innovativer sexueller Darstellungen und eine grundlegende Ablehnung jeglicher Form von Pornografie und BDSM unterteilte (Mennel, 2007). Diese „Sex Wars" (Duggan & Hunter, 2006, S. 16) zeugten von Uneinigkeiten bei Themen wie der politischen und theoretischen Positionierung in Bezug auf Sexualität und Macht. Während die konservativere Anti-Porn Fraktion pornografische Darstellungen generell als Reproduktion heteronormativer Unterdrückungen und patriarchaler Gewalt verstanden, sprach sich die queere Community gegen die Repression sexuellen Begehrens und für einen offenen Umgang mit sexpositiver Pornografie und deren subversives Potenzial aus. Dementsprechend löste auch *Verführung – Die grausame Frau* unterschiedliche Reaktionen in den verschiedenen Gruppierungen der Gesellschaft und auch innerhalb des Feminismus aus. Nach einer Begriffsklärung der für diese Arbeit relevanten Konzepte von Perversionen wird dieser Aspekt in der Analyse des Filmes genauer betrachtet.

Die Begriffe des Sadismus und Masochismus gehen zurück auf deren unfreiwillige Namensgeber Marquis de Sade (1740-1814) und Leopold von Sacher-Masoch (1836-1895) und deren literarische Werke. Die Symptome dieser Perversionen wurden 1886 von dem Wiener Gerichtsmediziner und Psychiater Richard von Krafft-Ebing in seiner Studie sexueller Pathologien, *Psychopathia Sexualis*, festgehalten und versucht zu erklären. Während seine wissenschaftlichen Auseinandersetzungen mit den Phänomenen einen wichtigen Grundbaustein setzten, bewegten sie sich gleichzeitig weg von einer literarischen Betrachtung und hin zu einer psychiatrischen Diagnose ‚sexuell auffälliger, abnormer Krankheiten'. Krafft-Ebings Erkenntnisse bildeten auch die Grundannahmen, auf die Freud seine Theorien zu von der Norm abweichenden Paraphilien und sein binäres Schema sadomasochistischer Sexualität aufbaute (McPhee, 2014). Freud hatte Sadismus und Masochismus zunächst als komplementär zueinander beschrieben und zudem das negativ behaftete Verständnis von Perversion als psychischer Krankheit übernommen. Deleuze weist in seinem Aufsatz *Le froid et le cruel* (1967) daraufhin, dass diese beiden Phänomene jedoch auch unabhängig voneinander zu betrachten sind. Er macht deutlich, dass Sadismus und Masochismus zu getrennten Welten mit ihren jeweils eigenen Regeln, Ritualen und ästhetischen Konventionen gehören und spricht sich für eine Neukonzipierung von Masochismus, Sexualität, Begehren und Lust aus. Dabei deutet er auch darauf hin, dass Lust und Schmerz fälschlicherweise häufig in Opposition zueinander verstanden anstatt als nebeneinander existierende Arten der Empfindung. Es kommt hinzu, dass Masochismus oft mit Passivität assoziiert wird und diese häufig mit Femininität in Verbindung gebracht wird. Dabei ist dieser Schluss zum Einen trügerisch und zum Anderen auch die Rolle der Masochistin oder des Masochisten deutlich aktiver als zunächst angenommen. Durch das Zustandekommen eines Vertrages mit gleichberechtigten Vertragspartner und der Option das Ganze zu beenden, ermöglicht diese Praxis das spielerische Ausprobieren verschiedener Rollen und Machtverhältnisse bei denen die Positionen jedoch auch auswechselbar sind (Baumgartinger, 2009). Es handelt sich also vielmehr um einen dynamischen Prozess des Aushandelns von Identitäten außerhalb der Binarität von Subjekt/Objekt, aktiv/passiv und natürlich/abnormal (McPhee, 2014).

Deleuze hinterfragt darüber hinaus die klinische Klassifizierung von Masochismus als Störung und kehrt zurück zu den ästhetischen Ursprüngen der Terminologie. Ausgehend von Deleuzes Überlegungen zu ästhetischem Masochismus und seiner Kritik an der Symmetrie von Sadismus und Masochismus weist Gaylyn Studlar (1988) auf die Zusammenhänge zwischen Masochismus und visueller Schaulust hin. Sie betont, dass die Strukturen der Perversion auf ähnliche Weise im Kino reproduziert werden, wo die Zuschauer_innen archaischen Bedürfnissen der traumhaften Lustbefriedigung nachgehen. Diese Thematik des Voyeurismus und Fetischismus greift auch Laura Mulvey in ihren Ausführungen über die Schaulust von Filmbetrachter_innen auf. Dass der Akt des Zuschauens keineswegs unpolitisch ist, hat sie bereits 1974 in ihrem einflussreichen Essay *Narrative Cinema and Visual Pleasure* gezeigt. Ihre Forderung nach der Dekonstruktion des „male gaze" setzen Mikesch und Treut gleich auf mehreren Ebenen um. Bereits in der Anfangsszene wird der kleinbürgerliche Journalist Mährsch auf dem Boden kriechend in einem unterirdischen, düsteren Kanal gezeigt. Er trägt weiße Damensandalen und darunter ein paar Söckchen sowie traditionell als feminin kodierte Kleidung. Verschwitzt presst er sich keuchend am Boden entlang und leckt mit seiner Zunge über dich Kacheln während die Kamera langsam von seinen Füßen ausgehend über seinen Körper schweift (siehe Bild 1).

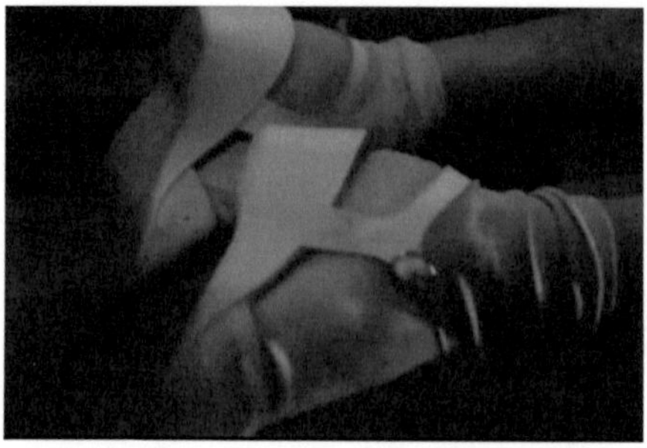

Bild 1. **Objektivierung des Journalisten Mährsch**

In dieser Szene bedienen sich die Filmemacherinnen derselben entmächtigenden Inszenierungstechniken wie sie von Mulvey herausgestellt wurden: Hypersexualisierung und Fragmentierung der Körperteile. Hier wird jedoch der männliche Protagonist objektiviert und in der Opferrolle gezeigt. An einem späteren Punkt wird dies erneut deutlich, wenn der

Bildausschnitt in einer Konversation auf Wanda fokussiert und Gregors Kopf abtrennt, so dass lediglich der untere Teil seines Körpers zu sehen ist (siehe Bild 2).

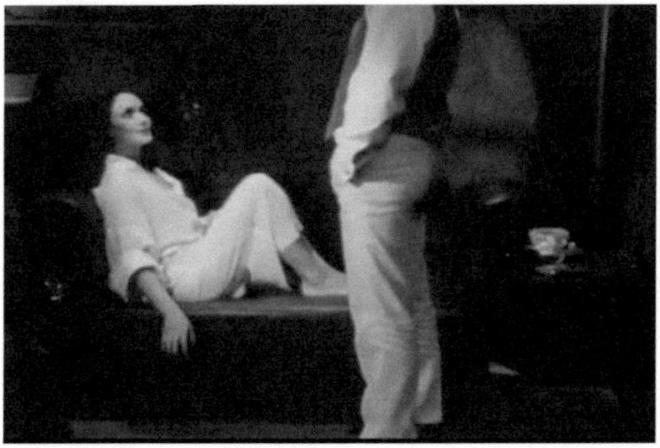

***Bild 2.* Fragmentierung von Gregors Körper**

Die dominanten Modelle des Filmemachens der vorherigen Jahre werden in *Verführung – Die grausame Frau* so mit ironischem Unterton reproduziert und in überspitzter Form hinterfragt. Auf diese Weise rücken die Filmemacherinnen das patriarchalische Unbewusste in den Vordergrund und entgrenzen die traditionellen Bilder durch das Umdrehen der Machverhältnisse. Die Frau gerät dadurch aus ihrer Objektposition heraus und wird selbst Trägerin des Blicks. Dass der Mann in dieser Konzeption keine Herrschaft besitzt, wird überspitzt auch in der bedeutungsvollen Schlussszene deutlich, in der selbst die Schüsse aus Georgs Revolver Wanda rein gar nichts anhaben können. Anstatt einer Verletzung folgt auf den Schuss schallendes Gelächter – durch Komik wird sich hier von der Unterwerfung entledigt und eine ironisierende Demaskierung der Rollenverhältnisse vorgenommen. Durch den Bruch mit normativen Darstellungsweisen befreien die Filmemacherinnen den Blick der Kamera und lassen einen dialektischen Blick zu. Auch die Narration des Films widersetzt sich durch eine collagenhafte Struktur, unübliche Dialoge und ausgefallene Charaktere erzählerischen Konventionen. Experimentelle Performances, atmosphärische Bilder und Klänge sowie assoziative Videoausschnitte werden in schillerndes Licht getaucht, Perspektiven entrückt und das Geschehene visuell stilisiert. Mikeschs Kamera bleibt dabei sehr nah an den subjektiven Empfindungen und Besessenheiten der Figuren dran, distanziert sich jedoch durch schräge Kamerawinkel und Blickpositionen, um den eigenen Blick als nicht nur neutral beobachtend, sondern aktiv positionierend zu reflektieren.

Im Vordergrund des Filmes stehen marginalisierte Sexualitäten, queere Beziehungsgeflechte, masochistische Lust und Fetisch – Körper und Lüste die am Rande der Gesellschaft ein Schattendasein pflegen. Ihre Existenz wird größtenteils als unnatürlich, krankhaft und obszön abgetan und durch die kontrollierenden Strukturen heteronormativer Gesellschaft zum

Schweigen gebracht. Der Film platziert lesbischen Sex und tabuisierte Lust daher bewusst im öffentlichen Raum: am Pier, auf der Straße oder im Schuhgeschäft. Unkonventionelle Leidenschaften werden ungeniert ausgelebt und erotische Fantasien werden sowohl innerhalb als auch durch den Film zur Schau gestellt. Damit bewegen sich Mikesch und Treut ganz im Sinne des Queer Cinema nicht nur thematisch, sondern auch formell außerhalb etablierter Konventionen und traditioneller Inszenierungsweisen. *Verführung – Die grausame Frau* entstand in einer Zeit, in der eine Reihe von Filmen auf „positive" Darstellungen von Schwulen und Lesben verzichteten und sich in einer rebellierenden Haltung gegen heteronormative Gesellschaftsstrukturen explizit auf Promiskuität marginalisierter Sexual- und Genderidentitäten konzentrierten. Der Film kann also den Anfängen des „New Queer Cinema", wie es Kritikerin B. Ruby Rich zum ersten Mal 1992 in ihrem gleichnamigen Aufsatz nannte, zugeordnet werden. Wanda tritt als unabhängige Geschäftsfrau auf, die soziale Tabus durchbricht und sich mit ihrer tiefen Stimme, einer kühl distanzierten Miene und selbstbestimmter Körpersprache gängigen Geschlechterstereotypen widersetzt. Die grausame Frau dient hier als Gegenentwurf zu traditionellen Vorstellungen von Femininität. Dabei lässt sich Verführung deutlich der düstereren Stilrichtung des New Queer Cinema zuordnen, da es mit seinen entrückten Blickwinkeln, kalten Farbgebung und dunklen Settings das „Unschöne" zelebriert (siehe Bild 3).

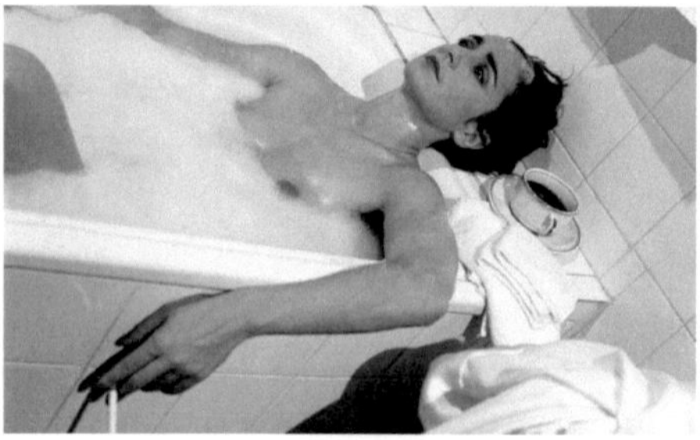

Bild 3. **Düstere Mise-en-scène und entrückter Kamerawinkel**

Im Gegensatz zur ursprünglichen Version Sacher-Masochs, bei der das Gemälde der Venus im Pelz im Vordergrund der Handlung steht, wählten Mikesch und Treut die Kunstform der Performance und der audiovisuellen Darstellung für ihren Film. Sie wenden sich also vom statischen Charakter des bereits fertiggestellten Portraits ab und veranschaulichen den stets dynamischen Prozess von Identitätsbildung mit ihrem Fokus auf die situationsbezogene Darbietung der Performance. Wiederkehrende Szenen mit Videoaufzeichnungen der Bühnenshows kommentieren diese Idee als innerfilmische Referenzen und rücken zusätzlich die künstlerische Praxis in den Fokus. Sie weisen so auf den Akt der Konstruktion der Bilder und im weiteren Sinne auch sozialer Wirklichkeit hin. Das wiederholte Auftreten von Spiegeln und insbesondere auch zerbrochener Spiegel (wie in Bild 4 zu sehen ist), deutet darauf hin, dass es unmöglich ist, ein genaues Abbild zu schaffen und jegliche Darstellung konstruiert ist.

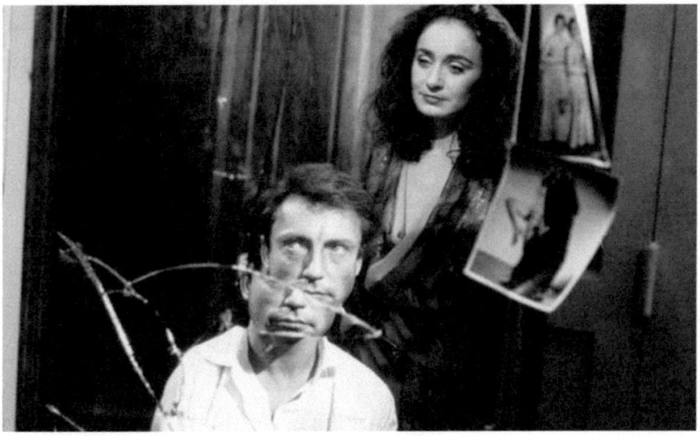

***Bild 4.* Zerbrochene Spiegelung**

McClintock (1993) verdeutlicht zudem, dass eine theatralische Thematik im Vordergrund des Filmes steht: Bühnenshows, Inszenierungen, ausgefallene Kostümierung und Rollenspiele. Die Idee der Performativität zieht sich durch den ganzen Film und wendet sich gegen ein essentialistisches Verständnis von Identität. Durch diesen Fokus werden soziale Machtstrukturen als konstruiert entlarvt und gelten dennoch auch als offen für Veränderung.

3. Fazit

Abschließend lässt sich sagen, dass Elfi Mikesch und Monika Treut sich die masochistische Thematik durch die Referenz auf die Werke von Sacher-Masoch und de Sade aneignen und den Diskurs über Perversionen auf seinen Ursprung in der Ästhetik zurücklenken. Sie übernehmen jedoch die Kontrolle über ihre eigenen Bilder und steuern den Blick der Kamera um, indem sie den Mann zum Schauobjekt machen. Die bestehende Ordnung und hierarchische Machtstrukturen in der Gesellschaft werden im Film hinsichtlich Geschlecht, Sexualität und Lust erforscht und reduktive Behauptungen über Natürlichkeit und Normalität kritisch hinterfragt. Die Que[e]rdenkerinnen bedienen sich dabei der subversiven Praxis von Ironie und finden so einen innovativen Umgang mit der heteronormativen Darstellungsweise traditionellen Filmschaffens. Die Mysterien der Sklaverei sind letztendlich noch schleierhaft, der narrative Strang ist stark fragmentiert und viele Fragen bleiben offen. Hier zeigen die Filmemacherinnen jedoch eine Sympathie mit dem Zerbrochenen und unerklärten Randzonen sowohl auf inhaltlicher als auch auf formaler Ebene. Perversionen sind folglich Missverständnisse insofern ihr abnormer und tabuisierter Status sich immer auch aus der Sichtweise und Position des Blicks darauf ergibt. Mikesch und Treut ermöglichen mit *Verführung – Die grausame Frau* eine Einsicht in diese Welten und schaffen so ein Verständnis welches keine allgemeingültigen Antworten verspricht, sondern ebendiese infrage stellt.

4. Bibliografie

Deleuze, G. (1967). *Présentation de Sacher-Masoch*. Paris: Les Éditions de Minuit.

Duggan, L. & Hunter, L. (2006). *Sex Wars: Sexual dissent and political culture*. New York: Routledge.

Knight, J. (1995). The meaning of Treut. In T. Wilton, *Immortal, invisible: Lesbians and the moving image* (S. 13-28). New York: Routledge.

Monk, C. (1993). Verführung – die grausame Frau. *Sight and Sound, May 1993.*

McClintock, A. (1993). Maid to order: Commercial S/M and gender power. In P. Church Gibson & R. Gibson (eds.), *Dirty looks: Women, pornography, power* (S. 207-231). London: British Film Institute.

McPhee, R. (2014). *Female masochism in film: Sexuality, ethics and aesthetics*. New York: Routledge.

Mennel, B. (2007). *The Representation of Masochism and Queer Desire in Film and Literature*. New York: Palgrave Macmillan.

Mulvey, L. (1975). Visual Pleasure and Narrative Cinema. *Screen, 16*(3), 6-18.

Baumgartinger, P. P. (2009). *Queeropedia*. Wien: Referat für HomoBiTrans-Angelegenheiten der ÖH der Universität Wien.

Rich, B. R. (1992). New Queer Cinema. *Sight and Sound, 2*(5), 30-37.

Saalfield, C. (1989). The Seduction of Monika. *Outweek, 12*, 40-43.

Studlar, G. (1988). *In the realm of pleasure: Von Sternberg, Dietrich, and the masochistic aesthetic.* Chicago: University of Illinois Press.

5. Abbildungsverzeichnis

Bild 1. Screenshot aus: Mikesch, E. & Treut, M. (1984). *Verführung: Die grausame Frau* [Film]. Deutschland: Hyena Films.

Bild 2. Screenshot aus: Mikesch, E. & Treut, M. (1984). *Verführung: Die grausame Frau* [Film]. Deutschland: Hyena Films.

Bild 3. Screenshot aus: Mikesch, E. & Treut, M. (1984). *Verführung: Die grausame Frau* [Film]. Deutschland: Hyena Films.

Bild 4. Screenshot aus: Mikesch, E. & Treut, M. (1984). *Verführung: Die grausame Frau* [Film]. Deutschland: Hyena Films.